JN410480

# 즐거운 바깥

홍수연 시집

문학의전당 시인선
0283

# 즐거운 바깥

홍수연 시집

문학의전당

## 시인의 말

사랑에 관해서라면,
언제까지나
나는 청맹과니다.

그러니
시여,
이제 내게
구름송이처럼 반짝이는 눈을
허락하여 주지 않으련?

2018년 6월
홍수연

## 차례

시인의 말

### 제1부

음지식물 13
불온한 어깨 14
벼룩의 춤 16
약자에 관한 보고서 18
즐거운 바깥 22
이름들 24
더 깊이 더 오래 사랑하기 위해 27
썩 괜찮은 관계 28
읽다 30
자화상 32
가수 34
눈물 36
우설(牛舌) 38
식육견 40

## 제2부


사랑의 방식 43
제비꽃 44
레테르 46
금붕어 48
얇은 껍질 50
구멍 52
발아 53
불구의 사랑 54
간절곶 56
셈 없이 피는 꽃은 없습니다 58
해바라기 60
익명의 도시 62
허공에 길을 내다 64
소유 66

## 제3부


그이는 잘 생략된 문장처럼 있다 69
돌탑 70
복숭아 72
공생 74
여천 천변 수선화 76
그 환한 미소 78
연애 80
눈 82
먼지 이야기 84
직립 86
마녀 88
도마 위의 생 90
골다공증 92
암전 94

## 제4부


간극 97
고아 98
가뭄 100
에고이스트 102
이직 104
부끄러운 일 106
저울 108
어느 좋은 날 109
날개 112
오동통한 혀 114
민들레 홀씨 116
단팥빵 118
한여름, 짖다, 짖지 못하다, 핥다 119
밑 122

해설 | 상처를 건너는 법 123
오민석(문학평론가·단국대 교수)

# 제1부

# 음지식물

햇빛이라고는 한 번도 쐬어보지 못한 얼굴을 하고서는… 당신이 말했죠 그래요 음지식물이 있다면 나처럼 창백하고 아무것도 모르는 듯한 얼굴을 하고 있겠죠 온실 속의 화초처럼 만지면 금방 시들어버리겠다는 몸짓으로 말이죠 그런 얼굴을 만들기까지 무려 삼십 년 넘는 시간이 걸렸어요 고통과 질책과 후회 분노 따돌림 우월한 열등감의 바람이 나를 조각했어요 파도가 해안선의 턱을 밀어 올리듯이 나는 뾰족하고 나는 한쪽 눈을 가린 긴 머리를 하고서… 콜레우스 금식나무 군자란 커피나무 이름만 들어도 어딘가 음산한 식물들이죠 배고프거나 어둡거나 뒷짐만 지고 있거나 콜레우스, 콜레우스, 동화되지 않겠다는 결연한 의지의 음지식물들 중앙에서 멀리 떨어져 따가운 눈총과 간당간당한 모가지로도 밥풀처럼 자생하는, 아침의 다른 이름, 그 음지식물 말이에요

# 불온한 어깨

나는 바다에 누워 있다 파도를 머리에 괴고 무작정 흘러가고 있다 막 입춘의 구름을 떠나보낸 뒤였다 밤은 까마득하다 까마득하다는 말이 위안과 불안을 동시에 느끼게 한다

파도는 좋은 베개가 아니어서 거북목의 통증을 때때로 일깨운다 하늘의 표정을 읽어내기에 파도는 곧잘 방해가 되곤 한다 어찌하랴 나는 떠내려가고 있는 중이고 별에게 기댈 수밖에 없으므로 하늘의 표정을 헤아리는 일은 무엇보다 중요하다

까마귀가 깍깍 운다고 생각하지 않는다 그들은 깍깍 하늘을 읽고 있다 날아다니는 것과 떠다니는 것들에겐 불온한 어깨가 있다 그 어깨의 한가운데에 하늘이 있으므로 까마귀와 나는 끝내 하늘의 동의를 얻지 못한 채, 오늘밤 밤의 모포 끝자락에서 잠을 청할 것이다

다시 까마득하다라는 말로 돌아온다 대체 까마득하지 않은 것이 인생일까 가까운 삶이란 없다는 생각 또한 내게 불안

과 위안을 동시에 가져다준다

내가 까마귀가 어쩌다 툭 떨어뜨린 한 오라기 깃털일지도 모른다는 생각에 이르자, 이윽고 해가 지고 망망대해에도 밤이 찾아왔다 정처 없는 것들에게는 밤이 아침이었으므로 나는 베고 있던 베개를 떨치고 비틀비틀 해안가로 걸어나왔다

나는 내가 날지 못하는 거북이라는 것을 새삼 깨달았다

## 벼룩의 춤

간을 키우는 건 생각입니까 허파입니까 무랑하게 밝아오는 태양입니까 태양이 얼굴을 내밉니다 하혈부터 하고 보는 태양 하루가 피맛과 함께 시작됩니다

말은 하고 보는 겁니까 참는 겁니까 아닌 말로 가득 찬 휴지통을 비웁니다 사람들은 옛일일 뿐이라며 내게 뱉은 침 잘도 거두어들입니다 그런 날 나는 마치 꿀꿀이죽처럼 붉은 낯빛으로 난간을 서성거립니다

잠은 오는 겁니까 잠에게로 다가가는 겁니까 이리저리 뒤척이다 보면 어떤 음악은 크레셴도로 멈추기도 합니까 영원히 디미누엔도 디크레셴도로 치닫는 겁니까

미래는 기다리는 겁니까 도둑고양이처럼 잡아채는 겁니까 생선은 언제까지 세는 겁니까 세기만 하는 겁니까 당신 목에 걸린 가시를 빼내는 일 그 일만이 나의 주된 임무라면 나는 핀셋입니까 의자에 수북한 압정 아파도 아프지 않은 척 일단 나는 앉고 봅니다 그리고 몰래 압정의 수를 헤아려봅니다 삼

킬 수만 있다면 꿀꺽 삼켜버리고 싶은 압정 소심하게 나는 옆 사람 눈을 피해 의자를 바꾸지만, 다음날 압정이 더 많이 따끔거릴 것을 압니다

# 약자에 관한 보고서

1. 외로움

외로움에 관한 한 더 외로운 사람이 약자다 하루 종일 울리지 않는 벨소리 fly me to the moon 달나라까지 데려가 주기를 바란 것 자체가 잘못이었다 이제 내 꿈은 작고 소박해져 집 앞 소공원만이라도 데려가 주었으면 생각한다 전화벨이 울린다 가스검침원의 음성에 공손히 머리를 조아린다

2. 전화

전화 받는 시각과 통화한 시간에 관한 한 늦은 밤이나 이른 새벽 전화를 받는 이가 약자일 가능성이 농후하다(시시콜콜한 전화일수록 더 그렇다) 그는 당신을 만만히 보고 있을 확률이 높다 당신은 그의 순간적인 감정을 받아내는 재떨이일지도 모른다 실제로 나는 배고픔도 참고 오른쪽 손을 덜덜 떨며 세 시간 동안 후배의 전화를 견뎌낸 적이 있다 나 배고파 이제 그만 좀 지껄일 수 없겠니 네 사랑타령도 이젠 지겨워 신랑도 있고 자식도 있고 애인도 넘쳐나면서… 그러니 나

같은 독신에게까지 돌아갈 애인이 없는 거얏!

3. 호랑말코 같은 돈

당신이 또래보다 형편이 넉넉한 경우 밥값을 먼저 치를 줄 아는 당신은 또래의 지지를 받고 있는 사람임에 분명하다 만약 고만고만한 처지에서 항상 당신이 밥값을 내게 되는 상황에 처한다면 당신은 그 무리에서 약자일 가능성이 크다 강한 선수들은 운동화 끈을 묶거나 거울 앞에서 옷매무새를 오래 만지작거린다 때마침 오줌이 마려운 기술도 익히지 못한 당신 심지어 오줌이 마려워도 참는 당신 그 상황이 어색해 얼른 벗어나고 싶은 생각이 드는 당신이라면 백 프로 인생 생초보, 약자임이 분명하다 당신은 친구들 사이에서 호구일 가능성이 높다

4. 성격에도 약자가 있을까

약자라 불리는 이들은 대체적으로 배려심과 이해심이 많

은 성격일 경우가 허다하다 쪽방촌에서의 한여름과 한겨울을 참아내는 인내심이 강한 경우가 대부분이다 한겨울 리어카를 끌고 폐지를 주워도 선천적으로 낙천적이거나 용맹정진하는 성격일 가능성이 짙다 높이에 상당한 알레르기를 지니고 있으며 길섶을 바삐 걷다가도 민들레 토끼풀을 보면 키를 낮춰 입 맞출 줄 아는 난쟁이 근성을 가지고 있을 확률이 높다 난쟁이가 쏘아 올린 작은 꽃씨가 허허벌판을 색색의 꽃으로 물들이는 경우도 심심찮게 목격할 수 있다

## 5. 어린 동생 약자

나는 오래전부터 약자를 괴롭히는 강자를 증오하고 나 나름대로 항거하고 살아왔다 강자와는 싸워도 약자에게는 한없이 연약했다 즉 나 자신만을 사랑하고 살았던 것이다 혹시 약자와 강자는 자매가 아닐까 생각해본다 자매는 걸핏하면 잘 다투지 않는가 강자의 강짜를 어린 동생인 약자는 순순히 잘 받아준다 강자의 강짜가 정도를 넘을수록 약자는 나무관세음보살 나무관세음보살 보살이 되어간다 언니인 강자는

강짜가 동생인 약자에게 먹혔다고 기세등등하다 그 기세등등까지 약자는 포옹한다 알고 보면 약자는 언니인 강자의 머리꼭대기에 있었던 것이다 약자가 자신을 낮춤으로서 강자가 어깨를 펼 수 있었던 것이다 약자인 동생의 눈에 언니라는 강자의 완장이 하찮게 느껴지는 까닭이기도 하다

## 6. 결론

나는 내가 서술할 수 있는 한의 약자에 관한 보고서를 작성해보았다 어떤 약자는 자신을 약자라고 생각하지 않는다 어떤 강자는 자신을 강자라고 생각하지 않는다 그러므로 어쩜 약자는 존재하지 않는지도 모른다 약자와 강자의 이분법은 나와 세계가 만들어낸 고정관념, 사람 사는 세상이란 동물의 왕국이 아니지 않는가 그러나, 그럼에도 불구하고 … 그러니 좀 시면 시다고 떫으면 떫다고 짜고 맵다고 세상을 향해 침이라도 뱉어보라곳!

# 즐거운 바깥

나는 집안의 안을 믿는 안의 맹신 교도
안은 내게 그 자체로 듬직하고 완벽한 교주였다

수년 간 안만을 믿고 의지한 나의 연구 결과를 발표하자면 이렇다 안은 적적한 동그라미이거나 총채를 들고 꼬리에 꼬리를 무는 원 같은 것이었다 안에서는 좀체 비밀이 없다 안은 훌륭한 안식처인 동시에 보이지 않는 끈으로 발목을 묶고 이인삼각 경기를 하는 곳이기도 하다 우박과 진눈깨비는 피할 수 있지만 내진은 견뎌야 하는, 지루하고 불안한 곳

바깥은 안보다 역동적이며 철학적이다
정신 나간 이들이 떼 지어 싸돌아다니는 곳이 바깥이라는
전근대적 사고를 버리기로 한다

바깥에서 제일 먼저 나는 여권사진을 찍고
이제 멤버십 포인트 카드를 만들러 갈 것이다
자랑스럽게도 나는 세상의 멤버가 된 것이다

분양받지도 않을 아파트에 서명하니 크리넥스 두 통이 뚝
딱 생겼다
카드사에 이름과 주소만을 빌려주었을 뿐인데 뚝딱
몇 만원의 보너스가 생겼다
바깥은 안보다 친절하다

한 시간 넘게 달려간 천전리 각석 중앙에 이 벅찬 감동을
나는 일필휘지로 조각하였다
바바리코트 자락은 물기를 머금었으며 나는 겨우 사람이
되었노라
는, 현대적 여성의 비문을 적고 돌아오는 길
오, 행복한 바깥

내일은 고속도로를 탐문하며
머뭇대는 앞차를 향해 힘차게 경적을 울려댈 것이다
오, 즐거운 바깥

## 이름들

1. 승리

빅뱅의 승리가 강남에 오픈한 클럽 억 소리 나는 메뉴가 화제다 아르망디 샴페인 12L 루이 13세 1병 아르망디 750ml 10병 1억짜리 만수르 세트, 크크크 만수르 억만장자 만수르, 위대한 개츠비를 꿈꾸는 승리다운 메뉴명, 루이 13세는 또 무엇인가 루이 13세처럼 여성 혐오증이 있는 사람이 마시는 술인가 그렇다면 루이 13세야말로 내게 적합한 코냑, 어머니, 아 어머니, 언제부터인가 어머니에게 눈먼 장님처럼 기기 시작한 날부터 피딱지 떨어질 날 없었던 무릎 돔페리뇽 샴페인 80병 대륙세트 A 아르망디 750ml 30병 대륙세트 B는 오천만 원을 호가한다 승리는 승리한다

2. 박기리

그는 살아서 고아였고 죽은 지 이주일 만에 이웃에게 발견되었다 사인은 알코올 중독이었다 정부미와 각종 고시서가

현관문 앞에 어지럽게 흩어져 있었다 12월 한 달 도시가스 요금 일만오천구십이 원 추위가 주검을 온전한 주검이게 했다 아무도 울어주는 이 없는 서울시립승화원 17번 화로 고독사 전문 청소업체의 손에 그의 사취는 말끔히 지워질 수 있을까 생전 그가 손에 쥐어본 목돈이라곤 교통사고 합의금 오십만 원이 전부였다 한쪽 다리를 절뚝이며 보증금 오십만 원을 내고 그는 생애 최초 번듯한 거주지에 입주할 수 있었다 그는 바뀌기를 바랐지만 바·끼·리·만 염원만 남겼다 박기리는 바뀌지 못했다

▸여기까지 쓰고 샤워를 하다, 시에도 별책 부록이란 게 존재한다면, 어머니에 대하여 언급하고 싶어졌다 사적인 얘기라 읽기 불편하다면 읽지 않아도 좋다 나도 편히 얘기하는 것은 아니다

(별책 부록)

3. 어머니

어머니 나를 낳으시고 늦은 오후 어머니 찾아 나선 나를 보고 경기를 하셨다 동네 평상에서 옥희 어머니 숙자 어머니와 아버지 험담에 열중이던 때였다 바람기 많은 너희 애비를 닮아 새까맣고 못생긴 네가 엄마~ 부를 때 이 에미는 너를 딸로 인정하고 싶지 않더구나 처음으로 부끄러움을 배웠다 마리 드 메디시스*처럼 동생만 편애하신 어머니(어머니의 사랑을 받아본 적 없는 루이 13세는 평생을 애정결핍과 정서불안에서 오는 심리적 장애를 안고 살았다) 오늘도 동생과 조카들 자랑에 시간 가는 줄 모르는 어머니 내가 처음 접한 세계, 최초의 군주셨던 어머니, 덕분에 넘어져도 일어서고 넘어져도 일어설 줄 알게 되었지 내가 무언가 끄적인다면 그건 순전히 어머니의 공로 내가 세상에 패배하지 않았다면 그것 또한 순전히 어머니의 업적, 어떤 어머니는 사랑을 끊음으로서 자식에게 세상을 사랑하는 법을 가르친다 어머니는 어머니다

---

*루이 13세의 모후.

# 더 깊이 더 오래 사랑하기 위해

아욱사이더란 말 참 좋지요*

꽃피운 나무들은 모두 아웃사이더에요

땅속에서 아웃당한 식물들이죠

아웃사이더 아웃사이더 발음해보면

사이다처럼 청량해지죠

아웃당하지 않고서 어떻게 꽃피울 수 있겠어요

아웃당한 책상에 앉아 있어요

나무로 불리우기를 거부하지 않았던들 어떻게 긴 밤을 불밝힐 수 있었겠어요

함께 걷지 않는다고 그대를 덜 사랑하는 것은 아니에요

더 깊이 더 오래 사랑하기 위해

당신을 지켜보고 있어요

아웃사이더란 말 참 좋지요

당신, 그대와 떨어져 있지 않고서야

어떻게 그대를 더 사랑할 수 있겠어요

---

* 허수경, 「당신이란 말 참 좋지요」 변형 인용.

## 썩 괜찮은 관계

우리는 항상 초면이다
처음 만난 날부터 현재에 이르기까지
나는 너를 모른다
네가 나를 모르듯이
그러니 우리는 피장파장인 셈
내가 너에게 화를 낼 때
네가 어이없는 표정을 짓듯
나 또한 네가 나를 비난할 때
너에게 어리둥절할 뿐이다
설령 우리가 태곳적
아담과 이브로 만났었다 하더라도
우리는 항상 초면이다
내가 너에게 화를 내는 것은
실은 나에게 화가 났기 때문,
네가 나를 비난할 때
잘 생각해보라
실은 너는 나 아닌 너를 비난하며
속으로 울고 있는 것이다

오십 년을 넘게 만난 가족들이
문득, 오늘 처음 만난 듯 낯설게
느껴져 본 적은 없는가
살을 섞고 서로의 타액을 교환하며
수십 년을 한 침대에서 잔 부부
그들도 초면이긴 마찬가지,
누가 누구를 조롱할 것이며
누가 누구를 판단할 것인가
매 순간 처음 만나는 우리
오, 말레나
아름다움이 죄가 된 말레나,
모니카 벨루치*
우리는 우리에게
또 다른 말레나일 뿐,
부디 용서하기를,
우리는 어제도 오늘도
처음 만났다

---

* 영화 〈말레나〉의 여주인공.

## 읽다

감기도 아니면서 몹쓸 병도 아니면서 겨울도 아니면서,
추울 때에는 무슨 약을 먹죠?

공사장 포클레인 소리가 금이빨처럼 반짝이는 봄날
감기도 아니면서 몹쓸 병도 아니면서 겨울도 아니면서,
문둥병처럼 손끝이 시릴 때에는 무슨 약을 먹죠?

화단이란 화단에 벚꽃잎 다 떨어지자
일본 철쭉 영산홍 붉은 입술 내밀고
아우슈비츠의 유대인 소녀들은 발가벗고 선 채로 미라가 되어가고
이스라엘에 수감된 팔레스타인
벌거벗은 채 성기를 얻어맞고
(발가벗기는 게 유행은 유행인가 봅니다)

앞집 남자는 한 달 동안 백여 병인가의 참이슬을 들이켰대
그도 나처럼 추웠을까

벚꽃잎 다 지자 일본 철쭉인 영산홍 붉은 입술을 내밀고
(인조의 영산홍 사랑은 정사에 방해가 될 정도였다지)

인조도 나처럼 추웠을까
(추운 이들은 불타는 듯한 붉은색을 좋아하지)

추울 때는 무슨 약을 먹죠?
생을 읽다가 추울 때는요…

## 자화상
—슬픔 부자

내게도 그토록 기다리던 오디의 계절이 오고야 말았다
누구도 그립지 않은 음악의 날들
내가 나로서 지상에 꽃피울 수 있는 날들
나는 지름길만을 피해, 교과서에 적힌 길들만을 피해 멀리 흘러 흘러왔다
후회는 승부사의 것
삶은 이기고 지는 것이 아니라 비기는 것임을 아는 자의 것
떠나는 그대의 처진 어깨 위에, 떠나려는 그대의 거친 손등 위에 구름 한 조각 쥐어주고 싶은,
이 무슨 망발인가
세월에 배운 점이 있다면 슬픔을 모울 수 있게 되었다는 것이다
아버지의 잠자리에 나는 없었으며 나의 자궁은 너무 일찍 고독을 알아버린 죄로
세상에서 길러지고 세상에서 버려졌다
비바람 휘몰아치는 날이면 홀딱 젖은 머리카락으로 풀섶을 헤매었고 어김없이 풀들은 웃자라 있었다
빗물이 뚝뚝 듣는 치마를 두 손으로 비틀어 슬픔을 모았다

내게 슬픔은 무엇과도 바꿀 수 없는 나의 흑진주
나는 슬픔 부자였다
무엇이 그리 슬펐냐고 물으면
나는 막연히 다—라고 말할 것이다
하늘 구름 밤 아침과 저녁 무엇보다 그대,

안녕, 그대
다시는 만나지 못할 슬픔의 백만장자, 그대

나보다 더 부자였던
슬픔의 억만장자, 그대

# 가수

다른 가수의 노래를 아무리 잘해도 G를 가수로 인정할 수 없다고,
가수는 자신의 노래를 부르는 사람이라고,

산 이빨로 부르는 노래는 노래가 아니야
발에 맞지 않는 구두는 몇 번 신다 신발장에 버려지지

은화 몇 닢으로 산 열쇠는 어떤 문도 열지 못해
네 것으로 너만의 슬픔을 노래해

어떤 것도 덧씌우지 마
시간의 민낯을 보여줘

네가 가장 잘 소화할 수 있는 요리로 너만의 맛을 들려줘
가수는 굶어죽을지언정
씹다 버린 악보에 자신을 팔지 않아,

헐렁해진 이빨로 네가 부를 수 있는 노래를 불러

사거나 팔지 않을 네 몸의 일부이자 전부인
네 노래를…

## 눈물

어디로 갔을까

두리번거리며 낯설게 그것을

휘둥그레진 눈으로 그것을

찾아보았지만, 그것은 증발되었다

지적장애 3급인 E와 F가 찜질방에서 주스를 마시며

웃고 장난친다

나는 바라본다

E는 사촌형의 식당에서 새벽부터 새벽까지 일했다

F는 양어머니 손에서 딸기농장주의 손으로 옮겨져

하루에 한 끼만 먹을 수 있었다

그들은 한겨울의 컨테이너 박스에서

어찌어찌 기어 나왔다

그들은 새 직장을 가지게 되었다

휴일엔 고기를 굽고 영화관을 갈 수 있게 되었다

결혼을 하고 싶다고 했다

그들은 비를 맞지 않게 되었다

나는 바라본다, 어린아이의 눈을 잠시 붙들어놓는

재빠르게 변하는 다채로운 광고 보듯

## 우설(牛舌)

때때로 그는 울었다
(누구나 그렇듯 그것은 소리 없는 울음)
밭을 갈다가
상추를 솎다가 뿌리째 흙을 매단 대파를 뽑다가,

우시장에서 인상 좋은 농장주에게로 이주한 뒤
새벽 다섯 시부터 오후 여덟 시까지
뒷간 볼 새도 없이
그는 묵묵히 일만 했다

그의 혀는 있으나, 없었다
열대야를 견디며 축사를 그리워했다
(머무를 방 한 칸 없는 설움보다는 비닐하우스가 나았을까)

지긋지긋한 비닐
태풍은 언제쯤 비닐을 바다로 날려 보낼까
원치 않는 교배는 언제쯤 끝이 날까

그가 현지에서 배운 말이라고는
더 깊이 혀를 감추라는 낯선 방언뿐이었다

이슥한 것일수록 미식가들의 구미를 당긴다

그의 혀가 총총 썰려 접시에 담겨 있다

말을 참고 참은 이국의 검붉은 혀가 접시에 담겨 있다

그것은 유독 붉고 달다

## 식육견

눈이 다가왔다

한없이 큰 눈이었다

눈과 마주치자 나는 녹아내리기 시작했다

깊은 눈이었다

우리의 눈은 왜 그렁그렁한가

그는 흘러내리는 콧물을 닦지 않았다

울 수도 없는 생도 있다

우리의 눈은 왜 그렁그렁한가

줄기차게 묻는 눈이 있다

# 제2부

# 사랑의 방식

네가 머리칼을 자를 때
나는 머리를 기를 거야

네가 거꾸로 걷는다면
나는 거꾸로 달릴 거야

다소 올곧지 못한 내 사랑의 방식,

네 등 뒤를 조심해
끔찍하게 아름다운 순간에
내가 너를 찌를지도 몰라

배반만큼 황홀한 사랑이, 또 있을까

내 부음에
파랑새로 날아와 줄래?

## 제비꽃

옷장 속의 옷들이 나를 거부하기 시작했다
하릴없이 커져버린 가슴 탓이다

네게 불룩한 성기가 있다면
내게 씨앗을 품은 흙처럼 도드라진 젖가슴이 있노라,
위풍당당 가슴을 내밀고 걷고 싶은 적이 있었네

두 개의 큰 산을 자신에게 옮겨놓은 여성을 보노라면
주렴 뒤의 보일 듯 말 듯한 저고리 아래 살을 훔쳐본 듯,
그녀들은 아련한 안개의 병정을 거느리고 있었네

무작정 올려다보고 싶은,
그 두 개의 흐릿한 웃음
그 두 개의 꽃과 나무

그녀들은 큰 산을 소유한 영주
사계절 새들이 지저귀고
그녀들의 가슴 골짝에선 내가 모르는 물줄기,

내가 먹어보지 못한 신비스런 과일들이 주렁주렁 열리는 듯했네

그때는 알지 못했네
그 봉긋한 가슴
마냥 갖고 싶었던 그 가슴이 무덤을 닮아 그토록 애달픈 것이었다는
먼 곳에서 불어오는 바람에 말없이 고개를 끄덕이는
봉분 위에 돋아난 제비꽃이었다는 것을
나 젊어 알지 못했네

어머니 높다란 무덤이 세월에 깎이고 깎여
그 무덤 내게로 옮아와
나 이토록 널따란 무덤을 가지게 될 줄,

나 젊어 알지 못했네

## 레테르

토마토의 귀족이라는 흑토마토를 한입 베어 뭅니다
귀족이 아닌 나의 입맛엔
방울토마토나 찰토마토나 그 맛이 그 맛일 뿐이어서
서둘러 입맛을 수정합니다
지그시 눈을 감고 흑토마토의 짙은, 싱거운 맛을 음미하는 척합니다

나는 짝퉁 구찌를 신고 명품처럼 걷습니다
나는 짜가 루이비통을 들고 명품인 듯 걷습니다

흑토마토 한 상자를 쇼핑카트에 담은 건
그가 귀족이었기 때문입니다
에르메스 블라우스에 합당한 선택이죠

엊그제 퇴근길 엘리베이터에서 만난 아랫집 남자에게
나도 모르게 불쑥 튀어나온 첫마디가
—무슨 일 하세요
하고많은 질문 중 왜 하필 그게 궁금했을까

내 레테르가 좋아 나를 사랑했던 숱한 남자들
계급장 떼고 상표 떼고 그 시절로 다시 돌아가
알몸으로 열렬한 사랑 한번 해보고 싶은,
(누가 나를 거들떠나 볼까)

발라리니 코르티나 그라티늄 프라이팬에 구운
노릇한 두부가 더 맛있게 보이는 오후
포트메리온 국자로 커리 접시에 커리를 담습니다
해가 너무 밝아 와인은 생략하기로 합니다
우아하게,
잘 익은 토실한 총각김치를
우거적 베어 뭅니다

## 금붕어

그때 나는 앉아 있었어
입을 뻐끔거리고 있었던 것 같아
나는 자색을 사랑하지
자색 가지 자색 블루베리 자색 당근 자색 오디 자색 고구마
자색은 생명의 색이지
나는 물이 담긴 투명한 관 속에 앉아 있었어
사람들은 내가 유선형의 팔다리로 떠 있거나 자유롭게 유영하고 있다고 생각하지
쉿, 당신만 알아둬, 내가 항상 물 위에 앉아 있었다는 것
나는 앉아서 내가 볼 수 있는 한쪽 벽만을 바라보고 있었어
어떻게 하면 저 벽을 뚫고 대기권 밖으로 날아오를 수 있을까 생각했지
전설 속의 새 말이야, 지느러미의 곡기를 끊어버린 새 말이야
물이 줄어들고 있어
벽을 넘지 못한 꿈은 무사하지
물이 새어나가고 있어
나는 살아있는 걸까

사는 듯 죽어가는 것

네모난 관 속에서 주인이 며칠에 한 번씩 던져주는

내가 원하지 않는 색상의 모이를 주워 먹으며

나는 증발되고 있어,

지느러미를 일으켜 물풀을 빨리 키워낼수록 물은 더 많이 줄어들지

내가 할 수 있는 건 최대한 움직임을 줄이는 거야

언젠간 벽을 뚫고 날아오를 거야

물이 빠져나가고 있어

알아?

격하게 살아낼수록 격하게 죽어가고 있다는 것!

## 얇은 껍질

껍질을 벗기고 귤을 먹는다
이 말은 어폐가 있다
엄밀히 말하자면 내가 벗겨낸 껍질까지를
우리는 귤이라 지칭한다
그렇다면 방금 내가 먹은 것은 귤이 아니라 귤의 알맹이, 귤의 심장인지 모른다
쉽게 심장을 허락하지 않을수록 진화의 꼭대기에 위치한 과실일지도 모른다
이브가 한입 베어 문 선악과
입술이 닿기만 해도 얼른 제 심장을 열어 보이는,
껍질이 얇은 열매일수록 진화의 저 바닥에 있는지도 모른다
선악과가 호두처럼 딱딱했더라면
선과 악의 구분 또한 생겨나지 않았을 것이다
그래서 무희의 살결은 매끄럽고 홍등가의 불빛은 연한 살구색인가
껍질이 얇을수록 과즙 또한 달콤한 법
달콤할수록 물러터지기 십상이다

사람의 심장만큼 두꺼운 과실을 본 적이 없다
사람만큼 맛없는 열매를 본 적이 없다

어느 변종의 인간은 얇은 껍질을 가진 탓에
구름 별 강과 노닐다
거적때기에 싸인 오렌지빛 심장을
불개미들에게 헌정했다지!

## 구멍

빠져버린 임플란트와 퉁퉁 부은 손가락과 끝없이 몰려오는 잠 나의 몸이 백골임을 드러내놓고 증명하는 이빨을 나는 증오한다 더러운 구멍, 구멍이란 구멍은 다 막아버렸으면 좋겠다고 생각한 적이 있다 어떤 드나듦도 없이 어떤 불순물도 없이 아득하게 저물었으면 바랐던 적이 있다 구멍이 없어 흘릴 눈물이 없는 나 구멍이 없어 먹을 걱정이 없는 나 구멍이 없어 외롭지 않은 나 무엇보다 구멍이 없어 완벽한 세계, 하지만 구멍이 없다면 꽃은 어찌 피리

완벽한 어둠이자 한 줄기 빛인 나의 구멍!

# 발아

씨앗은 돌덩이 같은 흙을 어떻게 뚫고 나오나 몇 날이고 화분 곁에 앉아서 씨앗을 품은 흙을 손으로 매만지는 일이 잦아졌습니다

배아는 고통을 느낄 줄 모르기에 낙태는 죄가 되지 않는다고 말한 이도 있었지만, 그는 장마 지던 날 피 묻은 태반과 함께 강으로 떠내려가고 말았지만…

자궁 속에서 태아는 열 달을 허우적거리며 한 줄기 빛을 찾아 머리를 내밀었을 것입니다 배가 점점 불러오는 흙을 바라보고 있습니다 씨앗은 지금 깜깜한 자궁 속에서 힘차게 발길질을 해대고 있을 것입니다

발아하는 일은 누구에게나 목숨을 건 사투입니다 전력을 다해 발아한 당신과 나, 죽기 전까지 발아할 당신과 나는 살아남은 꽃입니다

## 불구의 사랑

어느 날인가부터
말 못하는 치즈 같은 것 투명한 비닐 같은 것
두드려도 열리지 않는 벽 같은 것을 사랑하기 시작했어요
그들은 나에게 아무것도 요구하지 않는다는 것을 알게 되었죠
그저 바라보거나 한 번씩 이빨 자국을 내어주기만 하면 만족하는
다루기 쉬운 상대라는 것을 뒤늦게 깨달았어요
가슴을 훤히 다 내보이고도
정절을 빼앗겼다며
책임을 전가시키지도 않아요
그저 한 번씩 눈길만으로 생사를 확인하면 그뿐,
키는 온전히 나의 것이에요
그이를 사랑하느니 벽에 달라붙은 액자를 사랑하는 것이
더 효율적이라는 것을 깨닫는 요즈음이에요
소파와의, 보일러와의 플라토닉한 사랑
플라토닉, 누구나 꿈꾸는 사랑 아니던가요?
에로스를 넘어 플라토닉한 모래언덕으로 오기까지

무수히 피워낸 목단꽃
유리 화병 아래에서 첨벙대던 하얗고 붉은 장미
장미라고 다 에로스를 표방하는 것은 아니에요
별도 운다는 것을 최근에야 알았어요
몸 섞은 슬픔으로 우는 달

똑, 똑, 똑,
똑, 똑, 똑,
움직이지 않는 무대처럼 우두커니 서 있는 벽에게 안부를 묻습니다

플라토닉한 벽에게
잘 있느냐, 며
잘 있다, 고

안부를 묻습니다

플라토닉하게, 플라토닉한, 플라스틱한,

# 간절곶

간절한 것이 있어야만 간절곶에 가는 것은 아니다
비가 와서, 바람이 불어서,
다하지 못한 복습 같은 삶이 명치끝에 걸려 답답할 때면 간절곶에 간다

가보아야 별 곳 아니라는 것을 안다
해보아야 별것 아니라는 것을 안다
갯바위에 부서지는 파도처럼 부딪혀 보아야 부수지 못할 바위 또한 없다는 것을 안다

간절곶에 온 사람들은 소망우체통 앞에 줄지어 사진을 찍고
정작 들고 온 소망은 잃어버린다

스마트폰을 들고 포켓몬 잡기에 열중인 학생들의 아침 해는
가장 늦게 뜨고 가장 빨리 질 것이다

철을 모르고 꽃은 피어나고
나는 먼저 뜨는 해를 붙잡으러 바다가 보이는 카페에서

오래 잠들지 못할 것이다
그리고 오래 생각할 것이다

간절했었고 간절한 모든 아침과 저녁
사랑했었고 사랑한 모든 이들의 행운과 불행을
지난했었고 지난한 슬픔의 뒷모습을

간절한 모든 것은 간절곶에 와보면 분명해진다
더 오래 어둠을 사랑해야겠다*

---

*윤동주 시인의 시 「서시」에 기대여 씀.

# 셈 없이 피는 꽃은 없습니다

풍선초 심어놓고
풍선초 꽃피기를 기다립니다

이렇듯 나의 시작(詩作)은 가볍습니다

철쭉도 피기 전
풍선껌을 부풀리며 꽃을 기다리는 마음

누구나 한때 꽃 아니었던 시절
없었을 것입니다
색색의 풍선을 몽글몽글 이고
능선을 건너고 바다를 걸어 다니던
그런 시절 있었을 것입니다

풍선초는 땅속에서 풍선을 매달 준비를 하고 있는 것입니다
몇 개의 풍선이 적절할지 셈하고 있는 것입니다

셈 없이 피는 꽃은 없습니다

값을 매길 줄 몰라 내 청춘 우후죽순
갈팡질팡이었습니다

혹여 나처럼 황망히 꽃피울까,
풍선초 화분 들여다보는 일을 그만두기로 합니다

풍선초의 일은 풍선초가 알아서 할 것입니다

## 해바라기

무농약 해바라기 씨앗을 먹었어요
닥터 지바고의 그 태양을 닮은 소피아 로렌의 입술을 먹었어요
소피아 로렌의 거유처럼 유두가 부풀어 오를 것 같아요
물을 마시면 싹이 틀 거예요
나는 해바라기의 어머니가 될 수 있을 것 같아요
포식자인 어머니, 태양의 어머니
그녀가 두려워 나는 해바라기 꽃그늘 아래 숨어 살았어요
많이 마시면 꽃을 피워낼 수 있다고 누가 말했나요
그이의 말을 따라 한 움큼의 씨앗을 먹고 한 움큼 또 한 움큼의 물을 마셔요
싹을 틔워내려면 눈처럼 찬물을 마시세요
그래야 차가운 어머니를 꽃피워낼 수 있어요
내가 따뜻한 것은 소심한 반항이에요
찬물을 마시고 얼음 같은 눈꽃을 피워낼 거예요
냉랭한 어머니, 매력적인 무표정의 어머니
내가 창을 열지 못하는 까닭은 뜨거운 눈물 때문이에요
눈물이 고드름처럼 뾰족했더라면 진즉에 창을 닫았을 거

예요

해바라기 씨앗을 먹어요

유의하세요

씨앗을 복용할 땐 반드시 찬물이어야 해요

차가운 꽃을 피워내야 하거든요

쉬, 뜨거움을 밝혀선 안 돼요

온건한 꽃일수록 빨리 시들고 말아요

한랭전선이 우세한 땐 식은 돌덩이 같은 밥을 씹어 드세요

그 힘으로 어머니는 거인이 되어가죠

건강을 위해서 씨앗을 먹지만 해바라기는 되고 싶지 않아요

해 넘어간 저녁

해바라기는 썩 유용한 꽃은 아니에요

무농약 해바라기 씨앗을 먹고

차라리 농약 묻은 칼바위를 길러내겠어요

한결같이 평안한 어머니를 위해서라면

차라리, 아무것도 길러내지 않겠어요

# 익명의 도시

통성명이나 하고 지내자고요?
잊으셨나요?
우리가 여드렛날 이후 샴푸처럼 사라질 사이라는 것,
너는 너대로 나는 나대로,
다시는 만나지 못할 사이라는 것을 잊으셨나요?
명함을 주고받고 며칠 뒤 그 명함을 찢어버릴 사이라는 것

익명, 익명만이 나를, 우리를, 자유롭게 할 거라는 것을 믿는,
(즐거웠어요. 먼저 가요)
메모를 휘갈기고 떠날 때에도 나의 이름은 안개였거나 사라, 팬지였지요
아, 기억나요 당신의 이름,
제임스 본드,
풋, 그러고 보면 익명은 제2의 성이기도 한가 봐요
오, 아름다운 익명
익명 속에서 나는 고양이처럼 도도하고
익명 속에서 나는 바위틈에 피어난 야생화처럼 자유롭죠

익명은 우리의 못다 이룬 꿈

익명 속에서
아무 데에도 나는 없고 어디에도 나는 있어요
나는 두터운 검정 롱 스웨터를 걸치고 몽마르뜨 언덕을 배회할 거예요

미라보 다리 아래 세느강은 흐르고
오, 아름다운 익명
오, 익명의 아름다운 잿빛 도시

통성명이나 하고 지내자고요?
나는,
(보바리예요)

아, 당신은 물론 이렇게 말하겠죠
(나는 장폴 사르트르예요)

## 허공에 길을 내다

모든 애인은 말할 수 없는 애인*입니다
애인이 생기자,
나는 이 세상 사람이 아닌 듯합니다
내게 비로소 하나의 세계가 생겨난 거죠
모든 애인은 비밀스러운 애인입니다
모든 애인은 바다보다 멀리 있는 애인입니다
나는 심장에 새 방을 하나 더 가진 듯합니다
지상에는 없는 방,
모든 애인은 세상 너머에 있습니다
이승과 저승을 넘나드는 그 자리,
자지러질 듯 황홀한 그 자리,
나는 비로소 허공에 길을 냅니다
비눗방울처럼 아련히 떠 있는 방,
풍선껌처럼 커졌다 갑자기 훅 주저앉기도 하는 방,

모든 애인은 우주 너머에 대롱대롱 매달린
고개를 돌리면 마주치는
아슴푸레한 창, 그 너머에 있습니다

모든 애인은 세상의,

데일 듯 뜨거운 심방에 있습니다

* 김이듬, 「말할 수 없는 애인」 인용.

## 소유

바다가 좋다, 라고 쓰고
미역귀를 자른다
물미역에서 나는 바다향이 참 좋다, 라고 쓰고
미역의 허리를 자른다

좋아한다는 것과 훼손한다는 것은 다르다

지난여름 천변을 거닐다
아 예뻐하며 모가지를 꺾은 토끼풀
아 예뻐하며 갈비뼈를 분질러버린 능소화

좋아한다는 말은 피를 보고서라도
소유하고 싶다는 말과 동의어인지도 모른다

단지 좋다는 이유만으로
그는 나를 마음대로 요리한다

# 제3부

# 그이는 잘 생략된 문장처럼 있다*

나는 시크와는 거리가 멀고 나는 생략할 줄 몰라 인생을 길바닥과 사무실과 술집과 밥집과 여관과 집구석에 구구절절 흘리고 다녔다 그것이 내겐 거짓 없는 진정한 삶이라는 믿음 때문이었다 내가 술에 취했건 인생에 취했건 나에 취했건 했던 말을 하고 또 하고 또 하고 또 해도 묵묵히 다 받아주었던 친구들과 가족들, 분명 그들은 나보다 한 수 위였을 것이다 그이들은 잘 생략된 삶을 살고 있었을 것이다 그들 머리 위에 내리는 비도 와장창 자신을 다 퍼붓지는 않았을 것이다 때와 장소를 가려서 또각또각 지나가는 비 눈비에 젖을까 비닐에 곱게 싸여 현관문 앞에 배달된 조간신문 물기 머금은 꽃을 세상에 흩뿌리듯 신문 돌리는 이의 마음을 알 것 같은 오늘 이제 나도 정월에 내리는 겨울비의 생략된 언어를 조금은 알아들을 만큼 귀가 열려가는 것일까 암팡지게 오래 살지 못했고, 나는 늙어버린 것이다

---

*문태준의 시 「어느 겨울 오전에」에서 인용.

## 돌탑

돌 위에 돌을 쌓는다
모서리에 모서리를 포갠다
삶 위에 삶을 누인다

산다는 건 튼튼한 돌탑 하나 쌓는 일

아랫돌 위에 윗돌을 얹을 때
지나가던 바람도 그때만큼은, 몸 전체가 안구인 푸른 이파리가 되어
장엄한 침묵의 광경을 숨죽여 지켜보는 것인데

돌탑이 직립하는 사람의 형상과 무게를 갖추어 갈수록
해와 달의 속눈썹도 키가 자라
어두컴컴한 밤이면 돌의 이마에 초록 딱풀을
칠해주곤 했던 것이다

날카로운 시간에 비척이는 시각을 포개자
출렁이던 삶의 허리

산골짜기 쥐똥나무에 이르러
반석이 되어가던 돌탑

첨예한 일가를 이루어 돌무더기 세상에 우뚝 선 날
그제야 돌탑은 젖은 몸 툴툴 털고
별의 문을 연다

## 복숭아

청도에 가본 적은 없지만,
청도 복숭아는 한 박스 가지고 있어요
생산자까지 표기되어 든든한 복숭아
절로 일어나는 껍질 벗기는 재미로 야금야금 먹고
열여섯 과 중 여섯 과만 남은 복숭아

광안리 해수욕장
선크림이 무엇인 줄도 모르던 때,
메뚜기도 한철이라며
새빨갛게 충혈된 여름의 서늘한 눈빛에 데여
등과 팔 가슴 언저리에 보풀처럼 일어나던 살가죽

그런 흉터 하나쯤 지니고 개학해야
돈깨나 있는 집 아이라는 소리를 듣던 시절도 있었지요
청도 복숭아는 그때의 부유한 살결을 가지고 있어요
몸 구석구석 볕에 데인 발그레한 상처로
만만하지 않았던 삶을 말캉하게 익혀내었지요

솜털 복슬복슬한 복숭아를 잘 씻어 한입 물어 보세요
훌러덩훌러덩 옷 벗고
노랗게 잘 익힌 제 살 내어줄 때
만만한 과일이라 여겼다간 큰코다칠 거예요

다 내어주어도 결코 내어주지 않던
굵은 자존심처럼 단단한 씨
제 삶을 익혀낸 것들은
결코 녹녹치 않은 씨방 하나씩은 가지고 있어요

세상에 물렁한 생은 없어요

# 공생

오이고추와 쌈 채소를 씻을 때, 나는 그들에게 용서를 구하는 것이라네
보드라운 푸성귀들
상처 나고 찢어지기 쉬운 것들
물 꽃 이파리 풀벌레 울음 구름 같은 것들
혹여 있을 해충만 씻겨나가도록 살살 헹궈내는 것이라네

보드랍기로 치자면 해충 또한 무슨 잘못이랴
입이 있어 먹이를 구하고 살아있어 한 대야의 눈을 뭉치는 것이니,

언 땅에 뿌리내리고 달달한 햇살을 박상처럼 뜯어 먹으며
비와 달의 홑이불을 끌어안고 노숙한 푸성귀들,
그들이 펼쳐놓은 초록 이불을 덮고 나 또한 한 끼니의 연한 잠을 청하는 것이다

배추벌레가 배춧잎에 곤한 잠을 누이듯이
바람이 배롱나무 가지에서 꿈꾸듯이

햇살이 달빛에 잠들듯이
빗물이 출렁이는 바다에 몸을 포개듯이

나 또한 푸성귀의 숙주가 되어 초록 풀밭에 기생하는 것이거늘…

# 여천 천변 수선화

흐르는 물이 이끼에게 몸을 허락하듯
물도 나이가 든다는 것을 안다

바람 한 점 없던 유월 한낮
갈대만 알고 있었던
그녀의 화장기 없는 민낯
나는 보고 말았네

그녀가 무시로 옷 갈아입을 때
파티션이 되어주던 수양버들
폭염에 지쳐 깜빡 졸 때
무거운 고개를 살풋 떨어뜨리던 그 순간,
훤히 드러나 보이던 그녀의 주름진 얼굴

무심코 지나칠 때 보지 못했던
물의 상처

샛노란 꽃망울 터트릴 때

아름답던 물빛

흐르는 명경 같은 물에
비추어 볼 때 알았네

앞으로 흐르는 듯 거꾸로 흐르던 물살
붉어진 눈망울로 보고 말았네

하천이 흐르는 것이 아니라
내가 흘러가고 있었다는 것,
전진하고 싶은 물결과 회귀하고 싶은 물결
그사이에서
만들어지던 그녀의 팽팽한 주름살

빨리 걸을 때 보지 못했던
그녀의 민낯
되짚어 거슬러 오를 때 보았네

## 그 환한 미소

그녀는 웃는다
그녀가 웃자, 확실해졌다
인간의 속내가 백골이라는 것

웃고 있지만 언제 당신을 깨물지 모를
저 하얀 뼈들

먹고 싶어, 뜯고 싶어 안달이 난
저 서른두 개의 뼈

미소는,
웃고 있지만
기억하겠다는 행위

앞에서 웃고 있지만
돌아서서도 끝내 웃고 있는 이를
나는 본 적이 없다

하긴, 뒤돌아선 그의, 그녀의
입을 어떻게 볼 수 있지?

## 연애

그가 이별을 말할 때, 그 후에 오롯이 남겨질
바람과 구름과 가을 물빛에 대해서 생각한다

나는 돌아누워 비로소 긴 시를 쓸 것이다
머리카락을 쓸어내리며 역기를 들거나
어느 구석진 여인숙에서
두 다리를 벌리고 두 팔은 동그랗게 모으고
무더웠던 한여름의 각질을 벗겨낼 것이다

최대한 빨리 걸을 것이며 운이 좋으면 금세
다른 그와의 연애를 시작할 수 있을 것이다
팔짱을 끼는 연습을 새롭게 익히고
이번의 키스는 정중하고 열렬하게 예를 갖출 것이다
그에게 고양이처럼 매달려 기꺼이
바나나를 나누어 먹을 것이다

뒤돌아보거나 그를 떠올리게 하는 어떤 물웅덩이도
남기지 않을 것이다 그이보다 빨리,

햇볕에 그을린 운동화로 그를 차버릴 것이며
죽은 가죽으로 만든 우아한 구두를 신고 고인 빗물을 참방
참방 튕겨댈 것이다
그가 붙잡아도 다시는 웅크린 몸을 펼치지 않을 것이다

눈 내리고 내리고 바람 불고 불고,
나는 암몬조개처럼 접혀져…

## 눈

빨강색 양수 냄비를 샀어요
나는 언제든 지지고 볶을 준비가 되어 있어요

외출을 결심한 날엔
보일러를 틀고 한 시간은 먼저 몸을 데워요
오랜 습관이죠
연거푸 두 잔의 커피를 마시는 것도
빠질 수 없는 통과의례죠

뜨거워지기 전의 외출은 위험해요
달달해지기 전의 외출은 심각해요

눈은 깨어진 유리조각 같아요
날아드는 파편을 녹이려면
내가 먼저 뜨거워져야 한다는 것을 알아요

꽁꽁 언 눈사람을 녹여내고 녹여내는 일이
하루를 버티는 힘인지도 모르죠

외출에서 돌아온 밤이면
혓바닥에 달라붙은 얼음조각들을 털어내어요
어떤 조각들은 아예 오드득 씹어 삼키기도 하죠

속 쓰림의 나날이 깊어가요
보일러의 온도를 더 높여요
커피를 한 잔 더 마셔요

바다도 졸리운 눈꺼풀을 잠근 밤
빨강색 양수냄비를 꺼내요
녹지 않은 나를 냄비에 넣고 다글다글 볶아
늦은 저녁을 먹어요

## 먼지 이야기

쓸고 닦고 쓸고 닦고
하루 종일 먼지를 모우고 모은 먼지를 버리다 보면
이번 생도 저물겠네

먼지는 번식력도 좋아
바다만 한 어장을 관리하고 있지
알아?
먼지가 정어리 고등어 삼치 떼라는 것!

뭐가 되고 싶니
시 — 인 — 이라고 말하지 않고
먼 — 지 — 라고 대답했더라면
최소한 따끔거리는 발바닥의 고통은 몰랐을 테지
들깻가루처럼 쉬 풀어져
어디에서건 풍미를 더하는 사람이 되었을지도 몰라

먼지처럼 왔다 먼지처럼 간다고 말하지만
자세히 들여다보면

바다를 시퍼렇게 메운
고등어나 정어리 떼처럼 밀려왔다 밀려가는

저 장엄한 生!

# 직립

나는 사랑을 믿지 않는다
대신, 지구의 자전을 믿는
유리창 너머의 달
잠은 오는데
쉬 잠들지 못하는
이가 무더기로 빠질 것을
일찍이 꿈속에서 알아챈
노래하는 카나리아
머리카락이 한 움큼씩 빠진다
어머니에게 가발을 맞출까 물어본다
어머니가 머리에 물을 뿌린다
더 핼쑥해진 머리카락
어머니가 좋아라 박수를 친다
어머니와 함께 들여다보는
끝이 보이지 않는 캄캄한 우물
어릴 적 어머니와 함께 물 긷던
마을의 신비스런 우물은
물이 마른 지 오래,

어머니가 검버섯을 떼어 던지자
말라붙은 초원에
단비가 내린다
내게도 몇 개인가의 검버섯이 피어났다

## 마녀

살 맞은 듯한 아픔이 지나자
물이 부족하다는 진단이 내려졌어
알고 있어
항상 불이 말썽이지
마녀의 저주가 풀리자
청개구리가 왕자가 되었다는
전설 따윈
존재하지 않아
신의 저주가 풀리자
마녀가 되었지
알약을 들이키며 시작되는 아침
모든 이의 아침은 분주하고 불쌍하지
불쌍한 아침과 저녁
측은함을 부정하듯 분주한 차량들
난데없이 쏟아지는 우박은
신의 축복이자 저주
복면을 동여매는 아침
각양각색의 복면으로

완성되는 아침의 서막
복면과 복면
우린 결코 이해될 수 없는 사이
사랑할 수 없는 사이
우리들의 사이란, 틈
결코 좁혀질 수 없는 간극
자웅동체인 우리들의 사랑은
불륜, 지탄받아 마땅할

## 도마 위의 생

한 포기의 달달한 점심을 썬다는 것이
도마의 등에 봉합하지 못할 상처를 내는 일일 줄이야,

남의 살을 탐하기 시작할 때부터
잇몸 속에 숨어 있던 이빨은 하나 둘 돋아나기 시작하고
남의 살을 따라 뾰족하게 내민 입술

한 여인이 문을 열고 나가면
한 여인의 옆구리를 물어뜯고
두 번째 여인이 문을 닫고 나가면
두 번째 여인의 뒤꿈치를 물고 놓아주지 않았지
세 번째 여인인 나는 나가지도 못하고 들어오지도 못하고,
여태껏 문지방에 오도카니 서 있네

도마에 새겨진 상처처럼 내리는 비

세상에 나가지도 들어오지도 못하는 사람들 많이 있네

먹다가 먹다가 퍽퍽해진 살점으로 저 작력이 부치면
맹물에 말아 꿀떡꿀떡 삼키는 일 늘어나겠지만

도마의 등에 새겨진
성한 곳 없이 자잘한 칼자국 따윈 미처 생각하지 못했겠지만

세상에 나가지도 들어오지도 못하는 사람들 많이 있네

세상에!
도마 위에서 오롯이 일생을 마치는 사람들 많이 있네

## 골다공증

다 버렸다고 생각했을 때
나는 어느 것 하나 버리지 못했다는 것을 깨달았다
오, 육지에 포획된 그물 같은 영혼이여
나는 반듯이 누워서 혹은 비스듬히 앉아서 존재한다
여든을 훌쩍 비벼 드시고도 봄꽃 같은 사파리점퍼를 떼쓰는 어머니는 차라리 솔직해서 향긋하다
호박도 아니면서 그 무엇도 아니면서
호박씨나 까먹는 순수라니,
여름을 앞당기는 수박색 점퍼를 입고 파리채를 들고
바다에 드문드문 놓인 징검다리를 훨훨 잘도 건너시는 어머니
나는 활자 속에서만 존재한다
저, 골다공증의 싱싱한 두 다리
그이는 갑자기 인류의 기원이 날파리였다고,
날강도처럼 결석하는 하루
쇠고기무국에 봉긋한 젖무덤 같은 밥공기를 말아 드시고 날로 힘이 세어지는 어머니

나는 외투가 필요하지 않아,
외투가 필요하지 않아,

나는 매일 매일 결근한다

# 암전

마늘빵을 물어뜯는다 돼지갈비마냥 뜯겨져 나가는 시간들 씻고 먹고 닦고 먹고 시간은 오래 끓여 녹아버린 카레 속 감자와 같다 한 스푼씩 카레를 떠먹듯 시간을 떠먹는다 무위의 시간은 공짜라서 더 빨리 흘러내린다 초침을 세며 옷에 묻은 시간을 핥아 먹는다 이빨은 힘이 세다 둥근 마늘빵의 촉촉하고 부드러운 속만 발라내고 수북이 쌓여 있는 두터운 빵 껍데기 시간은 말라비틀어진 빵부스러기다 누군가는 여든에 인스타그램을 오픈했고 누군가는 일흔 넘어 인도로 떠났다 시간은 간발*의 차이다 시간은 빈 밥공기에 달그락거리는 소리만 큰 수저 시간을 뜯는다 이빨이 부러지나 시간이 먼저 부러지나 내기라도 하듯 나는 마늘빵을 뜯고 고등어를 뜯고 치킨을 뜯고 시간은 바야흐로 만삭이다 수저를 놓는다 암전… 이빨을 닫는다

---

*황인숙 시인의 시, 「간발」에서 차용.

# 제4부

## 간극

당신의 불감증은 나의 잘못입니까
당신의 잘못입니까

# 고아

몹쓸 꿈에 끌려 다니는 밤
그런 새벽이면 어김없이 목이 탄다
하얗게 질린 입술,
벌러덩 엉덩이를 까면 악몽처럼 쏟아지는 물줄기

가을은 그렇게 왔다

눈을 뜨면 잊히는 꿈
다만, 누군가 손톱으로 찍어 누르는 듯
콕. 콕. 아팠던 기억만 선명한, 아린 꿈

다시 태어난다면
어머니를, 동생을, 오빠를 죽이고
고아로 태어날 것이다

아무도 가르쳐주지 않은 비천한 고아 의식

주방 창 너머로 불어오는 서늘한 가을

아픔에도 색이 있다면
가을을 서방 삼아 그의 너른 품에
나를 훠훠 저어 바람결에 날려 보내고 싶은

어떤 아픔은
일생의 음악을 지휘한다

어머니,
이천칠백 년 가을엔 돌아가시겠는지요?

스스로 다스릴 수 없는 마음이 지옥이라면
나는 지옥에 있다

# 가뭄

저수지 바닥에 피를 토하고 죽게 될 줄은 몰랐어요
그 많던 물은 누가 데려간 것일까요
간밤의 푸른 달빛은 꿈이었나요

나 이대로 영영 죽어요
이대로 피투성이 화석이 되어요
지느러미를 헤엄쳐 그대에게 갈 수도 없는 몸

나 이대로 말라 죽어요
눈을 뜨고도 그대를 볼 수 없고
입이 있어도 그대를 말할 수 없어요

나 이대로 서서히 관 뚜껑을 덮어요
겨우 남은 몇 모금의 물 바깥에 나는 있어요

나 결코 떠오르지 않을 거예요
황홀한, 피폐한 주검

이대로 꽁꽁 숨어 그대를
물 밖의 물 많은 그대를 그릴 거예요
아득히 말라
그대가 밟고 설 땅이 될 거예요

내가 저수지 바닥에서 말라 죽었다는 것은
그대만 아는 비밀이에요
그대도 모르는 비밀이에요

## 에고이스트

유서를 써놓고 떠나는 여행은 삶으로의 여행인가
죽음으로의 여행인가

어딘가로 떠나기 전
혹시 모를 행복한 죽음을 생각하며
또박또박 정성스레 적은 몇 마디 결구를 접어
눈에 잘 띄는 곳에 얹어두는 것은
나의 오랜 습관

여한 없이 짐승처럼 살았으며
나를 아는 모든 이들이 나보다 더 많이 아파하기를,
사랑하기보다 더 많이 증오하기를,
(흔하디흔한 결연!)

내가 지상에서 홀연히 사라진 뒤
누군가의 입방아에 이러쿵저러쿵
포말처럼 흩날리는 일이 없기를,

순백의 가루를 갈망하는, 지극히 이기적인 결구

죽기를 각오하면 못할 일이 없다
마찬가지로 살고자 한다면 그 또한 못할 일 없을 것이다

삶으로의 여행이자 죽음으로의 여행

떠나는 그 순간마저 나는 나를 포기하지 못하고
백지를 검정색 오물로 더럽히는,

왜 나는 마침종이 울릴 때까지 백지 리포트를 들고 있는가

왜 나는 마지막까지 나인가

## 이직

먹고 살던 검은구상나무의 직장을 그만둔 뒤 더 자주 재어 보게 된 내 삶의 무게는 5와 6 사이를 오간다 무언가 잃어버린 것 같기도 하고 잊어버린 것 같기도 하여 하루 종일 종종 대어 보지만, 그 무언가의 실체는 잡히지 않는다

잡히지 않는 것과 씨름하는 일은 쓸쓸한 일이어서 입술 끝자락에 영문 모를 붉은 물주머니를 이슬처럼 매다는 일이 잦아졌다 성적에, 성과에 시달리는 대신 눈에 보이지 않는 공기 같은 것 바람 같은 것과 싸우는 일이란, 시간을 얼려 금세 녹아 사라져버릴 싸락눈 같은 것을 빚는 일처럼 공허한 일

이따금 버티컬을 걷고 따스하거나 차가운 너를 향해 네가 버린 것이 아니라 내가 버렸다고 항변하듯 고함이라도 지르고 싶은 날이면, 왠지 모를 억울함으로 라디오의 볼륨을 높이는 날이면, 애꿎은 체중계를 발로 툭툭 걷어차며 혼잣말로 중얼거려 본다

공평하지 않아, 친절하게 네가 가르쳐주지 않아도 내 무게

는 내가 잘 안다고, 만질 수도 출력할 수도 없는 영혼의 무게로 떡을 빚을 거야 예쁜 꽃핀을 만들 거야 싸락눈을 뭉칠 거야

너와 나의 차이이자 구체와 추상의 차이이지, 나는 나비의 영역으로 이직한 사람

## 부끄러운 일

새벽에 일어나서 소피를 봅니다
새벽에 일어나서 하는 일이
그 볼 일뿐이라니,
얼마나 행복합니까?
배가 뒤집어질 걱정도 아니 하고
정규직 신분증 걱정도 아니 하고
무엇보다 이생망, 이생망* 읊조리는 파랑새가
아니어서 얼마나 다행한 일입니까?
소피만 보고 다시 잠들 수 있다는 건
얼마나 부끄러운 일입니까?
어느 비 내리는 토요일
수하물을 배달하다
다세대주택 계단에서 미끄러져
바다에 빠져 죽은 집배원
그의 죽음은
얼마나 개죽음입니까?
할 일이 그의 명복을 비는 일뿐이라니
얼마나 행복합니까?

이부자리에 누워 오 분 안에 잠들 수 있다는 것은
얼마나 부끄러운 일입니까?

그대의 일터는 얼마나 차며
내 잠자리는 얼마나 따뜻합니까?

---

* 이번 생은 망했다는 뜻의 2030세대의 신조어.

## 저울

다 버리고 왔어 세상에 그 많은 책꽂이를, 알라딘 중고 서점에서 메일이 왔어 내가 읽은 시를 되팔면 받을 수 있는 총금액, 각 권당 얼마를 받을 수 있는가까지, 바보같이 다 버리고 왔어, 시가 돈이 될 수는 없지만 읽은 시가 돈이 될 수 있다는 사실을 몰랐어

미스 물○기 700원, ○스틱 발달사 1800원, 그녀가 처음, ○끼기 시작했다 2000원, 이상한 ○유회 1400원… 700원과 2000원의 차이는 누가 정한 것일까 시인의 살갗에도 푸른 도장이 찍힌다는 것을 처음 알았어

똑같이 불구덩이에 자글자글 구워졌음에도…

영혼도 저울에 올려져 등급이 나뉠 수 있음을 처음 알았어

# 어느 좋은 날
—p에게

좋은 일이 생길 것 같아
햇살은 따뜻하고
커피를 내리는 아침
무엇보다,
이제 겨우 새해 둘째 날이야
라디오의 볼륨을 높여,
무엇보다,
찬거리와 과일이 배달되었어
오후 한 시에서 세 시까지는 나를 잊을 거야
물미역과 오이를 무치고
대파 장조림을 만들고
꽃게탕을 끓일 거야
그 시간만큼은 나에게 돌려줄 거야
무엇보다,
겨우 정신을 차렸어
p의 말대로 나는 식물이 아니야
딱딱한 꽃게 다리를 씹으며
다리 힘을 올릴 거야

사랑도 할 수 있겠지
병원에도 갈 수 있을 거야
프라이팬에 올리브유를 두르고
볶고 데쳐낼 거야
어슷 썬 동초에 들기름과 맛간장을 붓고
자작하게 무쳐낼 거야
그때 아무도 모르게 딱딱한 내 머리카락도
두어 줌 섞을 거야
숱 많은 머리카락은 언제나 나의 분위기를 결정짓는
모든 것이었어
불타는 머리카락
완벽해
라디오의 볼륨을 높여,
나는 살아있고
혼자라서 더 생생히 살아있고

오후 한 시에서 세 시 사이에는
나를 찾지 마세요

나는 주방에서 생강이나 파프리카와 함께 있을 거예요
이제 겨우 정신을 차렸어요
나는 식물이 아니에요
그렇다고 동물도 아니에요
그냥 나는 나일 뿐이에요

좋은 일이 생길 것 같아요
따뜻한 햇살과 냉장고 가득한 먹거리
무엇보다,
새해 둘째 날이고요

따뜻한 햇살은
순전히 마음의 것이에요

## 날개

너를 기다린다
너는 바람일 수도 있고 너는 바다, 풀잎일 수도 있으며
너는 몇 개월 전 내가 차버린 당신일 수도 있다

공원의 잘 닦여진 산책로는 스니커즈를 신고 활보하기에 좋은 길이다
단정한 아스팔트,
하이힐을 신고 잘록한 미니스커트를 입고
울퉁불퉁한 자갈길을 걸을 때
손가락을 입에 넣고
휘파람을 불어대던 남정네들의 야유에
울컥 불컥 쏟아지던 생리혈

그때 나는 바다를 날았던가
그때 나는 꽃잎을 낳았던가
내 거뭇한 겨드랑이에서 날개 비슷한 것이 움텄던가
네 뽀얀 와이셔츠에 검붉은 생리혈을 비벼대었던가

계단 가파른 여인숙
옆방에서 들려오던 여인의 숨넘어가던 고함 소리,
나는 파르르 떨며 네 속으로 잦아들었던가

바지랑대에 앉은 고추잠자리의 빳빳한 날개
그 수평의 황홀한 탄력
사랑에 미쳤을 때 우리는 사랑을 모른다
왜 모든 것들은 떠났을 때 싯붉어지는가

여름을 버리자 비로소 여름이 내게로 왔다
그러므로 삶은 막돼먹은 말
배의 선미에서 솟구치는 날개
울리지 않는 전화기
찰나의 복숭아꽃,

나와 함께 묻힐
네게 전하지 못한 말,
찬란한 날개 날개

## 오동통한 혀

마음에도 무게가 있다는 것을 알았다
마음을 놓아버리니
놓아버린 만큼 몸이 퍼져버리던 것을

나 한때 마음 없이 살고자
마음 없다는 이들을 따라나섰네

그들의 나라엔 정말 마음 없었을까
마음 없다는 그 마음 또한
자식을 잃은 에미가 매단 돌덩이의 무게 아니었을까

마음이 꽃이라면
놓쳐버린 마음은 언제 꽃피울까

나, 바닷물에 빠트린 마음을
다시 주워 들고
소금기 간간히 배인 짭쪼롬한 그것을 다시 껴입고
마음에게 잘 숙성된 혀의 미각을 찾아주려 하네

마음도 편식 없는 그편이 더 좋을 것이네

오동통한 혀 하나
새로 가질 것이네

## 민들레 홀씨

꽃을 버리면 가벼워져야 하나요
하얗게 센 머리로 바람과 통정하고요

동그랗게 공 굴린 얼굴로
세상에 고개 주억거리고요

앓는 이 뽑듯
꽃이었던 기억
강가에 마구 흩뿌려야 하나요

그렇다면
나는 유령인가요

화장을 지웠다고 꽃 아니던가요

어느 날
세찬 바람에 화르르 나를 날려 보내기 전까지
나는 꽃이에요

색을 버린,

민낯이라 더 해사한 꽃이에요

## 단팥빵

삼립 단팥이 가득 단팥빵은 실제 반으로 갈라보면 단팥보다 빵이 가득이다 시(詩)는 저를 감추기에 급급하고 만물은 저를 드러내기에 여념없다 이건 얄팍한 상술의 제과회사에 던지는 말이 아니다 이건 턱없이 부족한 단팥의 삼립 단팥빵에 관한 얘기가 아니다 이것은 너와 나 우리 모두의 얘기다 조금만 생각하면 수긍이 갈 만한 얘기다 조금만 더 생각하면 피식 웃음이 나는 얘기다 더 이상 긴 말이 필요 없는 직무유기의 얘기다

단팥이 가득 단팥빵엔 팥보다 빵이 더 많다 팥도 그리 달진 않다

## 한여름, 짖다, 짖지 못하다, 핥다

한여름이었고 장날이었으며, 계절대 수업을 마치고 귀가하던 길이었다 여느 때처럼 슬펐고 여느 때처럼 나는 무기력했다 언젠가 이 무기력이 나의 소중한 무기가 되기를 바라며 끊임없이 중얼거리던 날들이었다 내가 컹컹 소리 높여 짖을 수 있기를 바랐고 내가 맹렬히, 나를 가로질러 도주하는 내 그림자를 앞지를 수 있기를 바랐다 맨드라미처럼 나는 허공을 향해 바짝 약이 올라 있었고 맨드라미처럼 속절없이 아팠다

녀석은 그날 그곳에 있었다 팔월의 휑한 초등학교 운동장 담벼락 뒤편 더러워진 솜이 가죽을 뚫고 주먹질을 해대는 허름한 자전거 안장 위, 포개어 쌓은 두 개의 케이지 상단에 서 있었다 안간힘으로 케이지를 할퀴고 있었다

한여름이었고 당직이었으며 관리자 A와 여직원 B는 쉴 새 없이 조잘대었고 나는 책을 읽고 있었다 앉아 있었지만 서 있었다 벌서는 기분이었으며 그 쉴 새 없이 짖어대는 가느다란 아가리들에 할 수만 있다면 지린내 나는 이불솜을 틀어막

고 싶었다 나는 자리에서 일어섰으며 황급히 계단을 뛰어 이층 건물로 올라갔다 창밖 플라타너스가 오래 나를 들여다보고 갔다

녀석의 초롱한 눈에서 눈물이 흘렀다 백구의 눈물을 본 건 그날이 처음이자 마지막이었다 다른 녀석들은 체념한 듯 무더위에 지친 듯 미동도 없었다 녀석만이 제 운명을 거부하고 있었다 긴 혀를 빼물고 씩씩거리며 머리로 하늘을 들이박고 있었다 거부함으로써 녀석은 눈에 띄었고 눈에 띄었으므로 제일 먼저 도축될 것이었다

한여름이었고 사무실이었으며 업무 중이었다 활짝 열어둔 창 너머로 A가 지나갔다 사무실은 조용하였고 동료들은 보이지 않았으며 지시사항은 내게 전달되지 못했다 어제 A의 명령에 내가 삼키지 못한 수박씨들이 모래 위를 뒹굴고 있었다

녀석은 케이지를 핥고 있다 한여름이었고 불볕더위였으며

점심시간이었다 짖지 못하면 핥게 된다 컹컹 짖으면 격리된다 맞은편 가축시장 매대에 겹겹이 전시된 녀석들의 팔다리, 도륙의 세상이다

물어뜯기기 전에 먼저 물어뜯을 것! 이 바닥에선 누구도 이 명제에 자유롭지 못하다

# 밑

달이 뜬눈으로 밤을 지새우는 건 감추어야 할 밑이 깊고 넓기 때문이다

밑이 곧 입인 바다가 잠들지 못하는 까닭이다

해설

# 상처를 건너는 법
## —홍수연 시집 『즐거운 바깥』 읽기

오민석 문학평론가·단국대 교수

### 1.

바깥은 안보다 역동적이며 철학적이다

(……)

자랑스럽게도 나는 세상의 멤버가 된 것이다

(……)

바깥은 안보다 친절하다

(……)

오, 행복한 바깥

내일은 고속도로를 탐문하며
머뭇대는 앞차를 향해 힘차게 경적을 울려댈 것이다
오, 즐거운 바깥

—「즐거운 바깥」 부분

표제작인 이 시는 얼마나 유쾌하며 명랑한가. 세상에, "바깥"이 "안보다 친절하다"니. 먼 고대로부터 문학이 세계와의 갈등을 재현해왔다면, 그 세계는 대체로 주체의 바깥을 의미하는 것이었다. 그런데 그 바깥을 "행복한", "즐거운 바깥"이라 정의하고 그것과의 불화를 끝내면 문학은 이제 무엇과 싸울까. 문학은 무엇과 씨름하며 무엇에 대하여 말을 할까. 그러나 홍수연이 말하는 '행복하고 즐거운' 바깥은 실상이 아니라, 그가 '소망하는 세계'의 모습이다. 그는 바깥이 아니라 주로 자신의 '안'에 거주한다. "스스로 다스릴 수 없는 마음이 지옥이라면/나는 지옥에 있다"(「고아」)라는 고백이 그것을 증명한다. 그 안은 바깥과 달리 "지루하고 불안한 곳"(「즐거운 바깥」)이다. 그는 어둡고 불안한 내부에서 빠져나와 밝은 외부로 나가기를 소망한다. 10년 동안 정신의 고독 속에 살다 어느 날 아침 태양 앞으로 나아간 차라투스트라처럼, 그는 내부를 넘어 '즐거운' 외부가 되고 싶어 한다. 넘어갈 대상이 없는 자는 초인(위버멘쉬 Übermensch)을 꿈꾸지 않는다. 니체는 말한다. "나는 당신들에게 위버멘쉬에 대하여 가르친다. 인간은 극복되어야 할 존재이다. 그대들은 인간을 극복하기 위해 무엇을 하였는가." 홍수연이 넘어가고자 하는 것은 내부의 상처들이다. 랭보(A. Rimbaud)의 말대로 "상처 없는 영혼이 어디 있으랴." 우리들의 내부는 저마다 다른 상처들로 얼룩져 있다.

> 바람기 많은 너희 애비를 닮아 새카맣고 못생긴 네가 엄마~ 하고 부를 때 이 에미는 너를 딸로 인정하고 싶지 않더구나 처음으로 부끄러움을 배웠다 마리 드 메디시스처럼 동생만 편애하신 어머니(어머니의 사랑을 받아본 적 없는 루이 13세는 평생을 애정결핍과 정서 불안에서 오는 심리적 장애를 안고 살았다) 오늘도 동생과 조카들 자랑에 시간 가는 줄 모르는 어머니 내가 처음 접한 세계, 최초의 군주셨던 어머니, 덕분에 넘어져도 일어서고 넘어져도 일어설 줄 알게 되었지 내가 무언가 끄적인다면 그건 순전히 어머니의 공로 내가 세상에 패배하지 않았다면 그것 또한 순전히 어머니의 업적, 어떤 어머니는 사랑을 끊음으로써 자식에게 세상을 사랑하는 법을 가르친다 어머니는 어머니다
>
> —「이름들」 부분

이 시집에서 가장 자주 반복되는 단어는 "어머니"이다. 홍

수연에게 있어서 어머니는 '사건'의 기원이다. 시인은 편애 때문에 "심리적 장애를 평생 안고 살았"던 루이 13세에 자신을 빗대며, 어머니를 "처음으로 부끄러움"을 제공한 존재, "처음 접한 세계, 최초의 군주였던" 존재로 묘사한다. 화자에게, 어머니는 남편에 대한 증오를 남편을 닮은 딸에게 투사(投射)하는 존재이다. 그러나 촉수가 좋은 독자들은 금방 감지했겠지만, 시인에게 있어서 이 '상처'는 이미 억압의 대상이 아니다. 그는 만천하에 이것을 드러내고 있지 않은가. 그것은 상처이되 감추어야 할 것은 이미 아니며 따라서 부끄러운 일도 아니다. 시인은 어머니의 편애 덕에 오히려 "넘어져도 일어설 줄 알게 되었"다고 고백하며, 역설적이게도 어머니가 "사랑을 끊음으로써 자식에게 세상을 사랑하는 법을 가르친다"고 말한다. 그러나 어머니가 그에게 부끄러움을 가져다 준 최초의 세계였다면, 즉 상처의 기원이었다면 그것은 긴 극복의 과정을 거쳤음에 틀림없다. "내가 무언가 끄적인다면 그건 순전히 어머니의 공로"라는 고백은 그의 시들이 어머니라는 타자와의 오랜 갈등의 산물임을 알려준다.

## 2.

### 포식자인 어머니, 태양의 어머니

그녀가 두려워 나는 해바라기 꽃그늘 아래 숨어 살았어요
(……)
싹을 틔워내려면 눈처럼 찬물을 마시세요
그래야 차가운 어머니를 꽃피워낼 수 있어요
내가 따뜻한 것은 소심한 반항이에요
찬물을 마시고 얼음 같은 눈꽃을 피워낼 거예요
냉랭한 어머니, 매력적인 무표정의 어머니
내가 창을 열지 못하는 까닭은 뜨거운 눈물 때문이에요
(……)
한랭전선이 우세한 때엔 식은 돌덩이 같은 밥을 씹어드세요
그 힘으로 어머니는 거인이 되어가죠

—「해바라기」 부분

이 시에서도 드러나듯이 시인에게 있어서 어머니는 "포식자"이고 "냉랭한" "무표정"의 존재이다. 어머니는 차가움("식은 돌덩이")으로 "거인"이 되어가는 존재이다. 이 시는 차가움에 저항하는 "따뜻한 것", "냉랭한 것"을 넘어서려는 "뜨거운 눈물"의 대비로 이루어져 있다. 화자에게 있어서 '바깥'은 "한랭전선이 우세한" 공간, 차가운 포식자들이 지배하는 세계이다. "내가 창을 열지 못하는 까닭", 즉 외부로 나가지 못하는 것은 바로 이런 이유에서이다. 홍수연의 시에서 "어머

니"가 생물학적인 어머니이든 시적 상징이든 그것은 독자들과 아무런 관련이 없다. 어쨌든 아버지를 상징적 권력으로 묘사하는 많은 작가들과 달리 홍수연은 그 자리에 어머니를 가져다 놓음으로써 매우 독특한 인식과 감성의 지도를 그리고 있다. 「골다공증」에서도 우리는 늙지 않는, 상징적 권력으로서의 어머니를 만난다. "여든을 훌쩍 비벼 드시고도 봄꽃 같은 사파리 점퍼를 떼쓰는 어머니", "골다공증의 싱싱한 두 다리", "쇠고기무국에 봉긋한 젖무덤 같은 밥공기를 말아 드시고 날로 힘이 세어지는 어머니" 때문에, 그 어머니가 지배하는 '바깥'의 공포 때문에, 화자는 "활자 속에서만 존재"하며, "나는 외투가 필요하지 않아,/외투가 필요하지 않아,// 나는 매일 매일 결근한다"고 고백한다. 외투가 필요하지 않다고 반복해서 말하는 것은 바깥으로 나갈 일이 없다는 것이고, 화자가 매일 결근하는 곳은 바로 권력 지배의 바깥 세계이다. 이런 대목들을 통해 우리는 앞에서 살펴본 '즐거운 바깥'이 실체가 아니라 소망의 공간임을 다시 확인하게 된다.

이렇게 보면 홍수연의 시들은 상징권력의 검열에 갇힌 자아, 그리하여 상징권력에 저항하는 자아의 이야기이고, 외부로 넘어가려는 자아와 그것을 막는 세계 사이의 전투가 벌어지는 곳에서 생산된다. 「골다공증」에 나오는 "활자 속에서만 존재"하는 자아는 바로 상징권력에 의해 갇힌 자아, 문턱에서 고통스럽게 외부를 응시하는 자아이다.

## 3.

나 이대로 서서히 관 뚜껑을 덮어요
겨우 남은 몇 모금의 물 바깥에 나는 있어요

나 결코 떠오르지 않을 거예요
황홀한, 피폐한 주검

이대로 꽁꽁 숨어 그대를
물 밖의 물 많은 그대를 그릴 거예요
아득히 말라
그대가 밟고 설 땅이 될 거예요

—「가뭄」 부분

화자는 '밝은' 외부로 나가기를 소망한다. 화자는 바깥 공간이 '살아있음'의 공간이라고 생각한다. 주체에게 있어서 '바깥'은 소망, 사랑, 에로스의 대상이다. 그러나 두텁고 차갑고 강한 벽이 외부로 가는 길을 차단할 때, 그리고 그것을 넘어감이 거의 불가능하다고 판단될 때, 출구를 잃은 에너지는 자신을 표적으로 삼는다. 주체가 생존해 있는 한, 욕동(慾動 drive)은 사라지는 것이 아니라 오로지 움직이는 것이기 때문이다. 이 시는 죽음본능(death instinct)에 자신을 내맡긴 자아의 모습을 적나라하게 보여준다. 모든 죽음본능은 파괴와

소멸, 비(非)존재의 상태를 지향한다. 출구를 잃는 리비도(libido)가 주체의 소멸을 지향할 때, 에로스는 타나토스(Thanatos)로 바뀐다. 타나토스와 에로스는 동일한 에너지의 다른 이름이기 때문이다.

> 남의 살을 탐하기 시작할 때부터
> 잇몸 속에 숨어 있던 이빨은 하나 둘 돋아나기 시작하고
> (……)
>
> 도마에 새겨진 상처처럼 내리는 비
>
> (……)
>
> 도마의 등에 새겨진
> 성한 곳 없이 자잘한 칼자국 따윈 미처 생각하지 못했겠지만
>
> 세상에 나가지도 들어오지도 못하는 사람들 많이 있네
>
> —「도마 위의 생」 부분

"어머니" 다음으로 이 시집에 빈번히 등장하는 기표는 "이빨"이다. 이빨은 타나토스의 도구이고 공격성의 상징이다. "도마"는 이빨과 이빨이 부딪히는 자리, '도륙'의 공간, 상처

를 생산하는 공간이다. "잇몸 속에 숨어 있던 이빨"이라는 표현을 통해 홍수연은 내부의 공격성을, "도마"의 이미지를 통해 외부의 공격성을 읽어낸다. 이렇게 보면 주체의 내부와 외부는 모두 공격성으로부터 자유롭지 않은 공간이 된다. 그러므로 주체는 외부로 나가지도, 그렇다고 내부로 들어오지도 못한다("세상에 나가지도 들어오지도 못하는 사람들"). 홍수연의 시들이 내부와 외부의 문턱에서 생산된다는 것은 바로 이런 의미에서이다.

> 마늘빵을 물어뜯는다 돼지갈비마냥 뜯겨져 나가는 시간들 씻고 먹고 닦고 먹고 시간은 오래 끓여 녹아버린 카레 속 감자와 같다 한 스푼씩 카레를 떠먹듯 시간을 떠먹는다 무위의 시간은 공짜라서 더 빨리 흘러내린다 초침을 세며 옷에 묻은 시간을 핥아 먹는다 이빨은 힘이 세다 둥근 마늘빵의 촉촉하고 부드러운 속만 발라내고 수북이 쌓여 있는 두터운 빵 껍데기 시간은 말라비틀어진 빵부스러기다 누군가는 여든에 인스타그램을 오픈했고 누군가는 일흔 넘어 인도로 떠났다 시간은 간발의 차이다 시간은 빈 밥공기에 달그락거리는 소리만 큰 수저 시간을 뜯는다 이빨이 부러지나 시간이 먼저 부러지나 내기라도 하듯 나는 마늘빵을 뜯고 고등어를 뜯고 치킨을 뜯고 시간은 바야흐로 만삭이다 수저를 놓는다 암전… 이빨을 닫는다

—「암전」 전문

겉으로 보기에 이 시의 화자는 내부의 파괴본능을 읽어내고 있다. 그러나 어떤 대상을 이빨로 물어뜯는 행위는 한편으로는 타나토스적이지만, 다른 한편으로는 에로스의 표현이기도 하다. 에로스와 타나토스는 이렇게 동일 대상을 자아 안으로 끌어들이면서 동시에 파괴한다. 사랑하고 싶으나 그것이 실현되지 않을 때 에로스의 에너지는 빈번히 타나토스로 전환된다. 미움과 사랑은 별개의 나라에서 따로 놀지 않는다. 이 시는 겉으로는 공격성을 드러내고 있지만, 사실은 공격성에 넌더리를 내며 저항하고 있다. 보라. 화자가 대상을 물어뜯는 이유는 "이빨이 부러지나 시간이 먼저 부러지나 내기라도 하"기 위해서이다. 화자의 최종적인 소망은 공격이 아니라, 공격의 무기를 무력화시키는 것이다. 홍수연이 바라는 내부와 외부는 오로지 에로스로 가득 찬 공간이다. '즐거운 바깥'은 에로스로 충만한 주체들이 에로스가 넘쳐나는 타자들을 만날 때에만 생산되는 것이기 때문이다.

## 4.

짖지 못하면 핥게 된다 컹컹 짖으면 격리된다 맞은편

가축시장 매대에 겹겹이 전시된 녀석들의 팔다리, 도륙
의 세상이다

물어뜯기기 전에 먼저 물어뜯을 것! 이 바닥에선 누구
도 이 명제에서 자유롭지 못하다

—「한여름, 짖다, 짖지 못하다, 핥다」 부분

이 시는 '도륙'의 외부에 노출된 주체의 모습을 도축을 기다리는 개에 비유하고 있다. 이빨 이미지와 더불어 무수한 칼질이 행해지는 "도마"의 이미지도 홍수연의 시에 자주 등장한다. 사실 "물어뜯기기 전에 먼저 물어뜯"는 명제에서 자유롭지 못한 것이 우리 현실의 적나라한 모습 아닌가. 홍수연의 시들은 "즐거운 바깥"이 되어야 할 현실이 실상은 도륙의 공간인 것에 대한 민감한 공포를 보여준다.

나는 사랑을 믿지 않는다
(…)
이가 무더기로 빠질 것을
일찍이 꿈속에서 알아챈
노래하는 카나리아
머리카락이 한 움큼씩 빠진다

—「직립」 부분

프로이트(S. Freud)의 꿈의 해석에 따르면 이빨이 빠지는 꿈은 무력함(powerlessness), 거부당함(rejection), 늙어감(aging)에 대한 공포의 표현이다. 삼손의 예를 들지 않더라도 "머리카락이 한 움큼씩" 빠지는 것 역시 '힘의 상실 상태'를 나타낸다. 이빨은 외부의 공격성으로부터 자신을 지키는 무기이자, 외모의 중요한 부분을 차지하는 신체의 일부이기 때문이다(프로이트는 그 증거로 폐경기 여성에게서 이런 꿈이 자주 나타나는 것을 예로 든다).

> 빠져버린 임플란트와 퉁퉁 부은 손가락과 끝없이 몰려오는 잠 나의 몸이 백골임을 드러내놓고 증명하는 이빨을 나는 증오한다 더러운 구멍, 구멍이란 구멍은 다 막아버렸으면 좋겠다고 생각한 적이 있다 어떤 드나듦도 없이 어떤 불순물도 없이 아득하게 저물었으면 바랐던 적이 있다 구멍이 없어 흘릴 눈물이 없는 나 구멍이 없어 먹을 걱정이 없는 나 구멍이 없어 외롭지 않은 나 무엇보다 구멍이 없어 완벽한 세계, 하지만 구멍이 없다면 꽃은 어찌 피리
>
> 완벽한 어둠이자 한 줄기 빛인 나의 구멍!
>
> —「구멍」 전문

"구멍"은 이빨이 빠진 상태, 무방비 그리고 결핍의 상태, 그

래서 무언가로 항상 채워지기를 기다리는 상태를 의미한다. 구멍에 대한 혐오는 무력감에 대한 공포이고, 무력감은 주체로 하여금 죽음본능("아득하게 저물었으면")을 자극한다. 그러나 홍수연은 결핍이 존재의 이유라는 사실을 받아들인다. "구멍이 없다면 꽃은 어찌 피리"라는 질문은 결핍에 대한 자각, 그리고 그것과의 분투 없이 문학도, 시도 없다는 말과 일맥상통한다. 그리하여 그에게 있어서 구멍은 어둠이자 동시에 빛이다. 사실 홍수연이 감지해낸 폭력의 세계는 매우 보편적인 현실이다. 홍수연의 상처는 그만의 것이 아니다. 인간의 내부와 외부는 홍수연이 고통스럽게 까발린 것처럼 공격성으로 가득 차 있다. 공격성에 민감한 촉수를 가진 주체일수록 사실은 사랑에 대한 더 큰 갈망의 소유자일 가능성이 크다. 외부에 대한 두려움이 없이 무방비 상태로 자신의 에너지를 온전히 타자에게 전이시킨 상태야말로 가장 '이상적인' 사랑의 층위일 수도 있다. 홍수연의 앞으로의 시적 행보가 이상적인 세계에 닿을 수 있기를 기원하는 바이다.

이 도서의 국립중앙도서관 출판시도서목록(CIP)은 서지정보유통지원시스템 홈페이지(http://seoji.nl.go.kr)와 국가자료공동목록시스템(http://www.nl.go.kr/kolisnet)에서 이용하실 수 있습니다.(CIP제어번호: CIP2018016855)

문학의전당 시인선 0283

즐거운 바깥

© 홍수연

초판 1쇄 인쇄 2018년 6월 7일
초판 1쇄 발행 2018년 6월 14일
지은이 홍수연
펴낸이 고영
책임편집 서윤후
디자인 헤이존
펴낸곳 문학의전당
출판등록 제2017-000002호
주소 서울시 마포구 마포대로 11길 91, 3층
전화 02-852-1977 팩스 02-852-1978
전자우편 sbpoem@naver.com

ISBN 979-11-5896-372-9 03810